AF240437

CATALOGUE

D'UNE COLLECTION

DE

TABLEAUX

ANCIENS,

DES DIVERSES ÉCOLES,

ET

D'OBJETS DE CURIOSITÉ,

PROVENANT

de la Galerie de M. VERDIÉ, de Bordeaux,

DONT LA VENTE AURA LIEU

LES LUNDI 6 ET MARDI 7 DÉCEMBRE 1852,

à une heure précise,

EN L'HOTEL DES VENTES

RUE DROUOT,

Salle n. 9, au premier étage,

Par le ministère de Mᵉ **BOULOUZE**, Commissaire-Priseur,

67, rue de Richelieu,

Assisté de M. **FERDINAND LANEUVILLE**, Expert,

73, rue Neuve-des-Mathurins,

Chez lesquels se distribue le présent Catalogue.

EXPOSITION PUBLIQUE

Le Dimanche 5 Décembre 1852, de midi à cinq heures.

PARIS

MAULDE ET RENOU

IMPRIMEURS DE LA COMPAGNIE DES COMMISSAIRES-PRISEURS,

Rue de Rivoli prolongée, au coin de celle de l'Arbre-Sec.

1852

CONDITIONS DE LA VENTE.

Elle sera faite au comptant.

Les acquéreurs paieront cinq pour cent en sus des adjudications.

DÉSIGNATION

DES TABLEAUX

ALBANE (genre).

1 — La Moisson. Vénus couchée et Amours mois-
sonnant.

ARTOIS (VAN).

2 — Lisière d'un fort.

BALEN (VAN).

3 — Satyre enivrant Bacchus.

DU MÊME.

4 — Enlèvement d'Europe.

BASSAN.

5 — La Vendange. Deux tableaux faisant pendants.

DU MÊME.

6 — Paysans tuant des cochons.

BANT ET BOUDEWYNS.

7 — Paysage avec figures.

BERGH (VAN).

8 — Paysage avec animaux.

BERTAUX (signé 1770).

9 — Combat contre des Turcs.

DU MÊME.

10 — Pendant du précédent.

BOCQUET.

11 — Deux tableaux pendants. Intérieur de forêt.

BOUCHER.

12 — Jeune fille sortant du bain.

DU MÊME (attribué).

13 — Deux pendants. Paysans faisant désaltérer leurs troupeaux de vaches.

DU MÊME (genre).

14 — Amours vendangeant.

BOTH (d'après).

15 — Paysage montagneux.

DU MÊME (genre).

16 — Paysage montagneux avec figures.

BOURDON.

17 — Effet de neige. Paysage.

BOURGUIGNON.

18 — Bataille.

DU MÊME.

19 — Deux pendants. Batailles.

DU MÊME.

20 — Idem. Deux pendants.

BRAUWER (attribué à).

21 — Femme buvant.

BREMBERG.

22 — Paysage. Paysans gardant un troupeau de vaches.

BRIL (Paul).

23 — Paysage. Des soldats passent sur une route.

DU MÊME.

24 — Paysage.

CAMMARANO (Joseph).

25 — Danaë (1788).

CARRACHE (école).

26 — Saint-André conduit au supplice.

DU MÊME.

27 — La Vierge regardant l'Enfant-Jésus endormi.

CHAMPAIGNE (Philippe).

28 — Vierge des Douleurs.

CORRÈGE (école du).

29 — Vénus endormie.

DU MÊME (copie).

30 — Antiope endormie surprise par un Satyre et défendue par un Amour.

CORTONNE (Pietre de).

31 — Adoration des Bergers.

COURTOIS

32 — Trois tableaux. Batailles.

COXIE (MICHEL).

33 — Descente de croix.

COYPEL.

34 — Sacrifice d'Abraham.

DEHEEM (DAVID).

35 — Fruits divers.

DU MÊME.

36 — Fruits suspendus à un clou.

DU MÊME (genre).

37 — Fruits sur une table.

DEMARNE.

38 — La danse des singes.

DICK (VAN). Copie.

39 — Bacchus et Ariane et danse de Nymphes.

DU MÊME (école).

40 — L'Ensevelissement du Christ.

DOLCI (Carlo).

41 — Saint-Jean tenant un agneau dans ses bras.

FLAMAEL (Bartholomé).

42 — Bacchus enfant confié aux Bacchantes.

FRANCK.

43 — Adoration des Bergers.

DU MÊME.

44 — Le repas d'Hérode.

GLAUBER (Jean).

45 — Mort d'Adonis.

GREUZE (attribué à).

46 — La malédiction paternelle.

DU MÊME.

47 — Jeune garçon tenant une colombe.

DU MÊME.

48 — Intérieur rustique.

DU MÊME.

49 — Intérieur de ménage.

GUIDE

50 — Madeleine (magnifique cadre sculpté).

DU MÊME.

51 — Daphnis changée en laurier.

DU MÊME.

52 — La Vierge et l'Enfant-Jésus armé d'une
lance écrasant la tête du Serpent.

DU MÊME (genre du).

53 — Cléopâtre mordue par l'aspic.

HONDEKOETER (M.)

54 — Poules dans une basse-cour.

HUYSMANS (de Malines).

55 — Paysage avec terrain éboulé.

ROMAIN (JULES), école.

56 — Soldats conduisant des prisonniers au supplice.

KALF.

57 — Intérieur flamand.

10

LOECK (Pierre)

58 — Un repas oriental.

LACROIX.

59 — Naufrage.

DU MÊME.

60 — Naufrage.

LAFOSSE (Charles de).

61 — La Chaste Suzanne.

LAJOUE.

62 — Une femme endormie dans un parc est surprise par un jardinier.

LE BRUN.

63 — Le Christ dans les bras de sa mère.

LEMOYNE (attribué à).

64 — Persée et Andromède.

DU MÊME.

65 — Sujet mythologique.

LESUEUR (Eustache).

66 — Saint Bruno agenouillé, devant un crucifix;
au fond du tableau deux moines.

DU MÊME.

67 — Saint Roch.

LORRAIN (Claude) attribué à.

68 — Paysage marécageux ; des pâtres font désaltérer un troupeau de vaches.

DU MÊME.

69 — Paysage ; effet de soleil couchant.

DU MÊME.

70 — Paysage ; effet de soleil couchant.

LOUTHERBURG (genre).

71 — Bergers attaqués par des brigands.

MARATTI (Carlo).

72 — Sainte Famille.

MEER (van der).

73 — Entrée d'un port.

MEULEN (VAN DER).

74 — Le Siége de Thionville.

MICHAUD (THÉODEBALD).

75 — Un Hiver; plusieurs paysans sont autour d'un grand feu.

MIGNARD.

76 — Louis XIV dans sa tente; il est couvert d'une armure, et un écuyer se tient devant lui.

DU MÊME.

77 — Portrait d'une femme de la cour.

MILÉ (Francisque).

78 — Paysage.

MOMPER.

79 — Paysage.

MURILLO (genre).

80 — Adoration des bergers.

MOUCHERON (genre).

81 — Petit paysage.

PANNINI (genre).

82 — Deux tableaux représentant des monuments
d'Italie.

PATEL.

83 — Paysage avec fabriques, animé de quelques
figures.

PILLEMENT.

84 — Paysage ; effet de soleil levant ; le départ
pour le marché.

POELEMBURG.

85 — Diane se reposant des fatigues de la chasse.

POUSSIN (Guaspre).

86 — Paysage ; une Nymphe et des Amours por-
tent des fleurs.

PRIMATICE.

87 — La Sainte Famille.

RAPHAEL (école).

88 — Sainte Famille.

DU MÊME.

89 — Descente du Saint Esprit sur les apôtres.

ROOS (G.-F. DE) signé.

90 — Paysage baigné par une rivière; dans le fond
de hautes montagnes.

RUBENS (d'après).

91 — La naissance de la Reine.

DU MÊME.

92 — Echange des deux princesses Isabelle de
Bourbon et Anne d'Autriche.

DU MÊME.

93 — Voyage de Marie de Médicis au pont de Cé,
en Anjou.

DU MÊME.

94 — La conclusion de la paix.
(Ces quatre tableaux sont des copies de
ceux du Louvre, galerie de Médicis.)

DU MÊME.

95 — L'Enlévement des Sabines.

DU MÊME.

96 — Mise en croix.

DU MÊME.

97 — Sainte Famille dans un paysage.

DU MÊME.

98 — Le repos de Diane et de ses Nymphes.

RUYSCH (Rachel).

99 — Curiosités diverses posées sur une table de marbre.

SALVATOR-ROSA.

100 — Coup de vent ; paysage.

SASSO-FERRATO (genre).

101 — Tête de Vierge.

DU MÊME.

102 — La Vierge tenant sur ses genoux l'Enfant-Jésus endormi.

SEGHERS.

103 — Deux tableaux représentant des batailles.

STELLA (Jacques).

104 — Renaud et Armide.

TENIERS (Abraham).

105 — Concert rustique.

DU MÊME (genre de)

106 — Intérieur d'une chaumière flamande.

TITIEN (d'après).

107 — La maîtresse du Titien et un Amour lui présentant un miroir.

DU MÊME (copie).

108 — La Flagellation.

TOBAR (genre).

109 — La Vierge et l'Enfant tenant une rose.

VALENCIENNE.

110 — Paysage.

VALIN.

111 — Narcisse expirant.

DU MÊME.

112 — Des nymphes et des enfants jouant dans l'eau.

VANLOO.

113 — Superbe copie de la Vénus du Titien.

VELASQUEZ (Copie.

114 — Judith. Sa servante lui ouvre le sac qui doit
recevoir la tête d'Holopherne.

DU MÊME (attribué).

115 — La Vierge présentant l'Enfant-Jésus à saint
Stanislas.

VERDIER.

116 — Ravitaillement d'un fort.

VÉRONÈSE (Paul attribué).

117 — L'Ensevelissement du Christ.

VERNET (Joseph).

118 — Clair de lune.

DU MÊME.

119 — Le phare de Gênes.

DU MÊME.

120 — Paysage montagneux, effet de soleil couchant.

DU MÊME.

121 — Marine.

VILLARETS.

122 — Marine avec figures.

WULSHAGEN (François).

123 — Tête de vieillard.

D'APRÈS DIFFÉRENTS MAITRES.

124 — Descente du Saint-Esprit sur les apôtres.

125 — Les Trois Grâces.

126 — Vénus, un Satyre et deux Amours.

127 — Le Départ d'Hector.

128 — Persée et Andromède.

129 — Jésus endormi.

130 — Assomption.

131 — Sujet allégorique.

132 — Idem.

133 — Mise au tombeau.

134 — Saint Pierre.

135 — Nymphe poursuivie par un Satyre.

136 — Saint Ignace.

137 — Tête de vierge.

138 — Jésus devant le peuple.

139 — Jésus devant ses juges.

140 — Les disciples d'Émaüs.

141 — Saint Pierre (cadre ancien).

142 — Ensevelissement du Christ.

143 — Un apôtre.

144 — Idem.

145 — Madeleine et sainte Anne.

146 — Martyre de saint Pierre.

147 — Madeleine (cuivre).

148 — Charité romaine.

149 — Un apôtre.

150 — Saint Jérome.

151 — La Vierge allaitant l'Enfant-Jésus.

152 — La Vierge, l'Enfant et saint Jean.

153 — Jésus-Christ et la Chananéenne.

154 — Reniement de saint Pierre.

155 — Une sainte.

156 — Tobie et l'Ange.

157 — Suzanne et les Vieillards.

158 — La Science.

159 — Apollon et Ariane.

160 — Apollon et le dieu Pan. Paysage.

161 — Apollon et les Muses.

162 — Suzanne au bain.

163 — Petit paysage baigné par une rivière.

164 — Idem.

165 — Idem avec troupeau de vaches.

166 — Idem (forme ovale).

167 — Idem. Deux pendants.

168 — Un homme tenant la main d'une femme.

169 — Un ermite.

170 — Deux pendants. Scènes flamandes.

171 — Paysans faisant la vendange.

172 — Deux tableaux. Intérieur flamand.

173 — Entrevue de Godefroid de Bouillon et de So-
liman.

174 — Le Vendeur d'or.

175 — Une paysanne donne à boire à son enfant.

176 — Petit paysage maritime.

177 — Marine (Un combat).

178 — Idem. Deux pendants. Vues d'Italie.

179 — Fruits divers sur une table.

180 — Coquillages.

181 — Livres sur une table.

CURIOSITÉS.

182 — Un tabernacle à colonnes incrustées de nacre, avec galerie sculptée et orné au milieu d'un petit tableau.

183 — Un petit meuble en bois et marbres divers, avec chapiteaux en bronze doré et orné d'une descente de croix en cuivre.

184 — Petit meuble en bois d'ébène formant tabernacle avec ornements en cuivre.

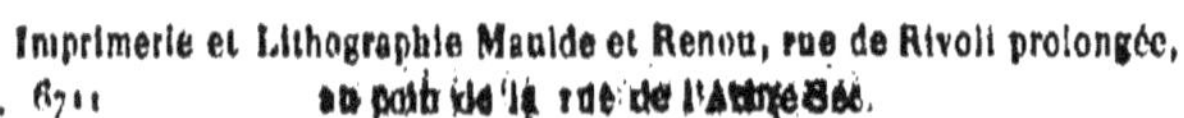

Imprimerie et Lithographie Maulde et Renou, rue de Rivoli prolongée, au coin de la rue de l'Arbre-Sec.